_____ 에게

당신의 하루 이 시처럼 따스하길 바랍니다
한 줄의 시가 마음에 작은 등불이 되길 바라며

우정옥 드림 _____

네 번째 시집

사랑의 급정거

초록샘 우 정 옥

사랑의 급정거

발행처 / 도서출판 태영
초판 1쇄 발행 / 2025년 7월 31일

출판등록/등록번호 제2018-000071호

주소/ 서울시 중구 충무로 5길 11 기영빌딩 505호
대표전화/ (02)2266-0412

10,000원

ISBN 979-11-91548-37-2 03800

※ 잘못 만들어진 책은 바꿔드립니다.
 이 책 내용의 일부 또는 전부를 재사용하려면
 반드시 저작권자의 동의를 얻어야 합니다.

시인__우정옥

이력

국제대학교 사회복지학과 졸업
한국 방송통신대학교 4학년 재학 중
사)한국문예춘추 부회장
햇살가득한 숲 운영위원
평택시민문화재단 시민위원

시, 수필 사)한국문예춘추 신인상 등단
한국문인협회 정회원
한국문인협회 시 낭송가 인증
신석정 문학상 수상
수필 부문 금제 문학상 금상 수상
노블카운티 시 낭송 금상 수상
경기도지사상, 평택시장 상, 국회의원 상, 시의장 상, 도의장 상외 다수

저서

『생명의 눈을 뜨다』, 『시가 날개를 달다』, 『한 송이 꽃 사랑』,
『청출어람의 계단』(동인지)

시인의 말

나의 시는 일상의 소소한 감정에서 출발합니다.
자연의 숨결, 사랑의 속삭임, 이별의 침묵 그리고 오래 묵힌 그리움이 언어라는 그릇에 담겨 시가 됩니다.
화려하진 않지만 진심을 담으려 애썼고 수정처럼 맑지만 사람 냄새 나는 온기를 담고자 했습니다.

삶이 조각보처럼 한 조각 한 조각 이어가다 보면 영감이 떠 올라 언어들이 날개를 달며 시가 되어 네 번째 시집을 출간하게 되었습니다.

사랑의 급정거는 사랑이라는 이름 아래 얘기치 않는 감정의 충돌, 설렘의 급선회, 또다시 인생의 출발을 의미한다고나 할까요.
급정거한 마음의 조각들이 결국 시가 되어 제 삶을 매만져 주었습니다.
그중에서도 가장 아찔하고도 아름다운 급정거는, 바로 사랑이 찾아올 때가 아닐까 생각합니다.

『사랑의 급정거』 네 번째 시집은 멈춤 속에서 피어난 감정들을 담아낸 사랑과 그리움에 대한 이야기입니다.
예상치 못한 만남, 스쳐가는 인연, 그리고 가슴 깊이 새겨진 그리움까지 심장을 세차게 흔들던 뜨거운 감정의 기록입니다.

시를 통해 사랑을 돌아보고,
사랑으로 멈춰 선 삶의 의미를 다시 바라보는 이 시간이 제게는 무엇보다 값지고 소중했습니다.

이 시집이 누군가에게도 그런 '멈춤의 순간'을 따뜻하게 떠올리게 해주길 소망합니다.
급정거한 자리에서, 다시 사랑이 피어나길 기대하며 이 시집을 세상에 내놓습니다.

초록샘 우정옥 드림

제1부 햇살 같은 꽃 /11

〈서시〉 햇살 같은 꽃　　12
생기 넘치는 통복시장　　13
소풍 같은 삶　　14
함께 하고픈 영원한 친구　　15
엄마도 가슴에 묻혔네　　16
삽교천 연가　　17
사랑하는 딸에게　　18
둑을 넘친 눈물　　19
향긋하고 달콤한 동생　　20
현충원 연가　　21
별처럼 빛나는 시 낭송　　22
찬란한 평택　　23
눈길을 사로잡은 침묵　　24
나의 단단한 버팀목　　25
시집 출판 기념회　　26
찻잔 속에 핀 우정　　27
달빛 아래의 고백　　28
하늘에 핀 꽃　　29
해리 책방　　30

제2부 아린 슬픈 사랑 /31

아린 슬픈 사랑 32
하늘이 슬퍼하고 땅이 울었던 33
인생 분식 34
태양처럼 빛나는 세상 35
봄날의 아침 햇살 36
사랑의 급정거 37
겨울의 끝자락 봄 38
물결 39
연줄 같은 인생 40
사유한 흔적의 물 41
불사조 같은 질경이 42
이별의 아린 눈물 43
줌치를 사유한 별 44
핑크빛 길 45
가슴에 피어난 꽃 46
달집태우기 축제 47
소풍 정원 48
아버지의 파노라마 49
절망에서 희망으로 50

제3부 가시에 남은 사랑 /51

가시에 남은 사랑　　52
신평동 농악 열정　　53
왜 거기 있소　　54
불러보고 싶은 어머니　　55
불꽃처럼 연기된 고향집　　57
빨간 구두와 나　　58
순수 예술 재인폭포　　60
늘 변함없는 오랜 친구　　61
인생은 월세다　　62
다행의 그림자　　63
당신은
　언제나 내 곁에 있습니다　64
시간의 강을 건너며　　65
하늘에 새겨진 이별　　66
송년회를 보내며　　67
풍기 인삼 축제　　68
위태로운 저울　　69
세월의 흔적　　70

제4부 어제보다 나은 오늘/71

어제보다 나은 오늘	72
끝과 시작	73
애간장이 타네	74
거제 바다에 시를 띄우다	75
무심 세월	76
지혜의 샘	77
잃어버린 길	78
혼의 애달픈 아픔	79
스무 살 된 복지관	81
입 안 가득 바다	82
설레는 순간	82
고객 쉼터	83
반딧불	84
수국 길	85
흩날리는 별	86
다시 찾아온 봄	87
추억의 음악다방	88
붙잡아도 매정하게 뿌리치는 너	89
강이 된 바다	90
스카이라운지에서	91

제5부 눈망울에 맺힌 이별/94

눈망울에 맺힌 이별	94
봄으로 가는 길목	95
후조	96
설중화	97
청매화가 피던 날	98
샛강의 봄날	99
뚝섬역 7번 출구	100
소백산 철쭉 축제	101
하늘이 문을 닫을 때	102
마음의 정원	103
멀어지는 풍경	104
모란의 약속	105
별을 담은 하루	106
겨울 풍경화	107

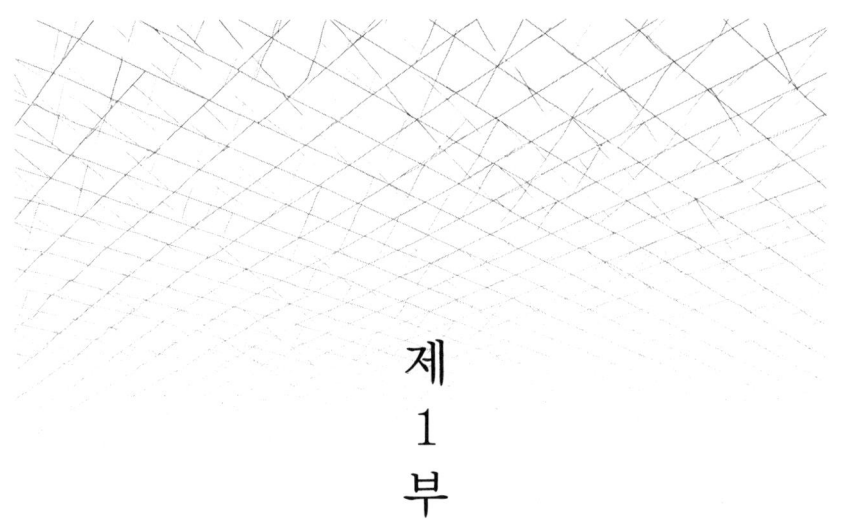

제1부

햇살 같은 꽃

〈서시〉
햇살 같은 꽃

봄바람이 문을 열던 날
소로길 섶 한 송이 민들레
아지랑이 피워물고
작은 틈새에 내려앉는다

줄기 뻗어 초록 담요 위에
노랑 기다림
아린 마음 묻어 두고
가슴 활짝 등을 펴며 웃는다

모자란 듯 가득 채워진 꽃송이
먼 길 돌아온 햇살 한 줌
봄 소녀에게
햇살 물든 희망 뿌린다

생기 넘치는 통복시장

넘실거리는 쪽빛 계곡이 아름다운
통복천이 병풍처럼 에워싼
얼기설기 사연 담은 70년 넘는 전통
통복시장은 평택의 젖줄이다

향기 물씬 풍긴 꽃내음 맡듯
밀물처럼 몰려드는 사람들
상인들의 의욕 넘치는 활력
고요한 적막을 깨듯 즐거운 아우성
서민들의 애환 목단꽃처럼 피어난다

먹거리 구경거리 산더미 같아
좋아하는 사람들과 너스레 떨며
마음껏 먹고 즐기며
시장통 수수 호떡 옛 향수 느껴지니
어린 시절 추억을 불러온다

빛나는 눈동자 반짝거리고
생기 넘치고 활기 불타는
상인들과 주민들 정답고
이곳에 오면 나도
삶의 의욕에 불지른다

통복시장이여 영원 하라

* 현재 평택 통복시장 고객센터에 걸려있다

소풍 같은 삶

인생이란 한 번 왔다가
한숨처럼 스쳐가는 바람 같은 것
짧아서 더 아름다운 한 조각의 삶

나는 이곳에 소풍 와서
꽃 피는 봄날엔 웃고
바람 부는 여름엔 나비처럼 춤추며
낙엽 지는 가을엔 추억으로 덮고
하얀 겨울엔 사랑하는 사람들과
따뜻함을 나누며 살아가고 싶다

오늘의 햇살을 손안에 듬뿍 담고
소박한 꿈을 찾아 서로 손을 놓지 않는다

떠날 때는 미소로 돌아보며
참 재미있고 행복하게
잘 살아왔노라 말 할 수 있고
너로 인해 행복했었다는 말을 들을 수 있는
그런 소풍 같은 삶을 살고 싶다

함께 하고픈 영원한 친구

넌 우연히 내 마음에 샘처럼 찾아왔지
그 샘엔
별과 달, 하늘과 산, 태양까지 품은
넘실대는 기쁨이 가득했지

험한 삶의 굽이굽이마다
눈 속에 알알이 맺힌 눈물을 닦아주었지

삶의 의미와 참 행복을 맛볼 수 있게
나에게 의사보다 더 좋은 명약이 되었지

내 가슴 속에 숨어 있다
펜 끝에서 요술처럼 피어나
내 마음을 글로 승하시켰지

시 너는
훨훨 나는 나비처럼
내 마음을 전하는 영원히 함께하고픈
나에게 한없이 고마운 친구지

엄마도 가슴에 묻혔네

하늘에서 별똥별이 쿵 하고 떨어지듯
세상에서 제일 사랑했던
어머니가 쓰러지셨다

언제나 자식이 최고인 줄 알고
자신을 돌볼 겨를 없이
자식과 가족에게 헌신했던 엄마

어제와 오늘이 하늘과 땅처럼 다른 삶을
지친 세월의 늪에 빠지듯 정신까지 부재중에
쓸쓸함이 가득하고 망각이란 삶 속에서
뽀얀 먼지조차 한 점 없는
현재 기억은 외출하고 과거 속에 사셨네

호강이라곤 남의 이야기
허둥대며 살다 보니
삶의 여정에 효도 한번 못한 불효에
후회(後悔)만 하던 가슴 아려오네

시간을 되돌리지 못하는 아쉬움에
늘 그리움 속에서 내 가슴 한구석에 가시가 되어
사무치도록 보고 싶은 그리운 엄마 가슴에 묻은 채
엄마의 자식 사랑 내가 닮아 가고 있네

* 치매 걸린 엄마 생각하며

삽교천 연가

구름 같은 인파
코로나 팬데믹이라는
감옥에 몇 년을 갇혔다

숨죽였던 그 시절을 보상받듯
사람들 바다로 기쁨을 쏟아낸다

밀물과 썰물이 춤추는 이곳
썰물 때면
조개가 갯벌 속에서 쏘옥 고개 내밀며 인사하고
촉촉한 찰흙은 머드팩 하라며 은근히 유혹한다

저 멀리서
내게 할 말이 있다는 듯
금빛 물결의 밀물 거북이처럼 밀려온다

철썩 처얼썩
파도는 마음마저 두드린다

파란 바다는 하늘 위에 떠 있는 듯
세상은 온통 에메랄드빛

눈도 귀도 마음도 평온해지는 이곳
박정희 대통령 마지막 대작
삽교천에서 그리운 추억 하나 다시 꺼내 본다

사랑하는 딸에게

너와 내가 처음 만나던 날
내 품에 사랑으로 다가와
너는 내 세상을 흔들었다

걸음마를 떼던 모습 온 세상이 멈춘 듯했고
첫 말을 건네던 그날 천사보다도 더 예뻤다

너의 기쁨이 내 기쁨이고
너의 웃음은 나를 즐겁게 했고
너의 아픔은 내 아픔으로 가슴을 찢었다

시간이 흘러 벌써 한 아이의 엄마가 된 너
늘 내 곁에서 친구가 되어줘 고맙고 행복하다

이제 날개를 활짝 펼쳐 마음껏 날아 보려무나
네가 가는 길은 네 삶의 선물이다

둑을 넘친 눈물

수천 년을 품은 고즈넉한 영하의 땅
누구의 발걸음도 닿지 않는
우주를 삼킬 듯 웅장하고 끝없는 빙하
잊힌 수많은 세월이 쌓였다

깊고 차가운 오랜 세월
천천히 숨을 쉬며
햇살 한숨 스며드는 틈도 없는
투명한 살결 속에 겹겹이 쌓인 계절
고요 밟고 천사처럼 하얗게 잠들어 있다

타 죽어도 모를 뜨거운 햇살
지구가 열 받아 조각 난 아픔
베갯머리 둑을 넘친 눈물
바다에 던져 큰 물결을 이분다

향긋하고 달콤한 동생

오랜만에 만나도
언제나 마음 한켠 자리 잡아
낯선 벽 느껴지지 않는다

도심 속 호수 둘레 길을
사랑하는 동생과 뜨겁게 손잡고
가볍게 걷고 있다

마음을 녹이는 갖가지 색깔의 담소를 나눈다

휭하니 가버리는 바람 소리
옷깃을 날 세워 바람 끝 잘라낸다

향긋하고 달콤한 여동생과 나 사이
봄이 햇빛처럼 스며들고 있다

빗살 무늬처럼 촘촘한 호수 위
새들이 봄을 흔들며 물장구친다

무지개처럼 피어나는
휘황찬란한 분수의 향연
우리 마음도 함께 춤을 추고 있다

현충원 연가

동형(同形)처럼 밀집해 손만 뻗치면 닿는다

다 다른 인고의 선열 사연을 누비듯
가슴 아픈 얘기들이 많은 현충원
활활 타는 그리움 불태운다

어떤 집은 사람들이 많이 들락날락
한 아름 오색 빛 고운 꽃 안고
찰랑이는 물결처럼
따뜻한 애정을 가득 품고 찾아온다

어떤 집은 가뭄에 콩 나듯 노크해
시들은 빛바랜 꽃들만 우는 흔들림
목마른 흐느낌으로 다가온다

분단된 조국을 위해 희생한 애국정신
통일을 염원하던 그들의 넋을 기린다

자유와 평화의 바람 불어
그들의 희생이 헛되지 않기를
붉게 타 오르는 태양처럼 희망의 날갯짓 한다

별처럼 빛나는 시 낭송

정적을 가르는 청아한 소리
출렁이는 나뭇잎 물살처럼
파르르 몰아치는 감정의 떨림

파란 도화지 위에
뭉게구름 피어나는 그림을 수놓는다

한 글자 한 글자 뜻을 음미하며
아침 이슬에 옥구슬 떼구루루 뒹군다

춤을 추듯 날아
사람들 귓가 언저리에 살포시 노크해
마음의 소리로 감동 주는
별처럼 빛나는 영롱한 시 낭송

찬란한 평택

역사를 입은 통합 30년의 물결
푸른 숨결 머금은 항구는 잠이 없다

담대히 타륜을 부여잡은 한 사람
키 잡은 손길 따라 도약하는 미래
선장은 도시의 꿈을 싣는다

새로운 향로를 개척하고
세계를 향한 물길을 연다

반도체 불길 환하게 타오르고
평택항에 무역의 바람이 분다

시민들의 손을 놓지 않는 마음
아이들의 눈망울에 내일을 심고
시민들 걸음에 믿음이 내린다

함께 나아가는 비전
이 도시를 움직이는 뜨거운 방향 감각

오매불망 불리는 우리의 시장
동살 마주한 평택의 희망이다

오늘의 평택
이글거리는 태양처럼 찬란하게 빛나리라

눈길을 사로잡은 침묵

그녀의 그림이 선보이던 날
수많은 색과 형상들 사이
내 눈을 붙든 건 뜻밖에도 말 없는 빈 항아리

채우지 않아 더욱 깊은 비움의 미학이었을까
추상화 속 자유로운 선들을 담은
상상력이 바람처럼 퍼지고
채색의 여운 위로 날개 달린 내 마음이 떠 오른다

작가의 마음을 대변하는 빈 항아리
모든 것을 비운다는 건 버림이 아닌 되찾음이었다

욕심도 고단함도 내려놓고 가벼운 깃털처럼 훨훨 날아
내 영혼은 항아리 속으로 내려앉는다

건강과 행복, 부와 명예, 날아서 흘러가는 것
손에 쥐기 어려운 꿈들 허공에 흩어질까
조심스레 담아두고 싶은 소중한 삶의 조각들

그림 앞에 선 나는 비로소 깨닫는다
가득함은 비움으로부터 온다는 것
그리고 예술은
빈 공간 속에서 피어나는 가장 진한 위로라는 것을

나의 단단한 버팀목

나의 자랑이고 나의 기쁨인
내 삶의 전부인 가장 사랑하는 아들

힘들고 어두웠던 순간에도
너로 인해 모든 것이 희망이 되었다

너의 따뜻한 마음이 추위를 녹여 주었고
흔들릴 때도 나를 붙들어준
내 가슴에 새겨져 있는 가장 소중한 존재

끝없는 하늘보다
영원한 바다보다 깊은 사랑
너의 웃음은 단단한 나의 버팀목
그래서 힘이 된다

시집 출판 기념회

산고의 고통 끝에
수많은 해와 달을 등에 업고 시간의 강을 건너
새들이 하늘을 날아 춤추듯
내 안의 언어들이 날개를 달았다

울컥이는 숨결로 눌러썼던 문장들
가슴속에서 오래도록 삭혀온 이야기들
낱말 하나하나에 심장을 담아
눈물로 빚은 나의 분신들
한 장 또 한 장 종이 위에 피어난 시
한 권의 책으로 세상 구경한다

그 시어 하나 문장 하나가
누군가의 마음속에 씨앗 되어
희망을 틔우고 행복을 잉태하며
허전한 가슴에 따뜻한 위로가 되어
잊고 있던 감정의 숲을 일깨우기를

찻잔 속에 핀 우정

유럽풍 카페에 앉아
마음의 문 활짝 열어
하얀 날개를 편다

햇살처럼 뜨겁게 손 마주 잡으니
애틋하고 정겹다

삶에 지쳐 종이처럼 구겨진 마음
시원한 차 한잔으로
더위와 함께 날려버렸다

안개처럼 번지는 커피 향
사랑이 가득한 찻잔 속에 꽃 피운다

도란도란 이야기 수 놓고
속내 풀어내는 꽃이 된다

뜨거운 태양처럼 타 오르는 불꽃
우정을 첫사랑처럼 불태우고 있다

달빛 아래의 고백

깊은 밤하늘 서로를 쳐다보는 눈빛
맥박의 떨림으로 숨 가쁘다

은은히 번져가는 달빛 아래
차마 다 꺼내지 못한 마음들
은빛 물결 속에 흔들리고 있다

고요히 나뭇가지에 내려앉은 달빛
별들은 멀리서 침묵으로 응원해 준다

수천 번 다듬었던 단어들
수만 번 삼켰던 떨림의 숨결
떨리는 목소리가 달빛에 퍼진다

달빛이 조용히 스며든 밤
침묵 속에서 고백할 용기와 힘이 된다
달빛의 그늘 속에서 사랑이 피어난다

하늘에 핀 꽃

당신을 가슴에 묻을 수 없어
허공으로 날려 보냈다

훨훨 날아 하늘에 핀 꽃
하얀 국화처럼
온 하늘을 덮은 뭉게구름

떠나보내도
나를 안아 주고 싶은 듯
이슬처럼 매달려
가슴 언저리로 쏟아진다

어디에 있어도 빛이 되어
당신과 행복했던 추억을
가까이 데려온다

해리 책방

바다 너머 산 끝자락
시대 흐름 따라 흘러간 옛 학교
인고의 노력으로
달빛 아래 번져가는 추억 쌓아
색실 풀어 하얀 도화지에 꽃 수놓는다

사방이 책 숲으로 둘러싸인 문화 공간
새들이 먹이 찾듯 몰려오는 사람들
짝을 지어 활짝 웃음꽃 피우며
마음속 깊은 얘기 나눈다

텅 빈 가슴 깊이
내면의 아름다움 차곡차곡 쌓아
날개 꺾였던 자화상 해탈의 문을 두드린다

새장을 열고 나간 새처럼
휘황찬란한 세상을 여행하는
곱고 넓은 해리 책방
어머니 마음결처럼
모든 것을 아낌없이 내어준다

* 폐교를 도서관과 배움의 공간으로 만든 책방

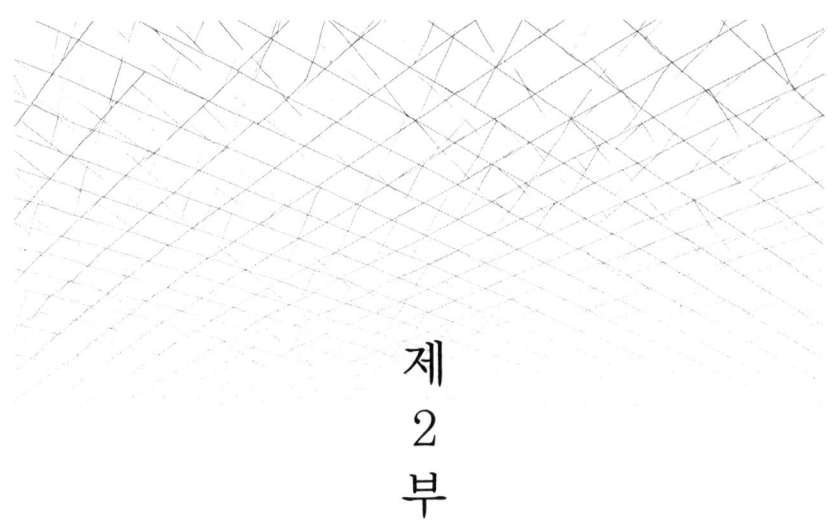

제 2 부

아린 슬픈 사랑

아린 슬픈 사랑

푸른 호수처럼 깊은 사랑
은빛 물결 춤추는 억새 같은 사람

깊은 계곡 맑은 물처럼 산소가 되어
별도 달도 따 주겠다던 그 마음 어디 가고
하루아침 헌 신짝 버리듯
슬픈 사랑 되어 떠나가 버렸다

가시에 찔린 이별의 상처 움켜잡고
온몸으로 부딪혀 맞섰건만
산 넘고 바다 건너
아득히 먼 곳으로 가버린 사랑

높은 구름 너머 바람 헤치고 비켜
꺾이지 않는 사랑 믿으며 살아왔건만
수년이란 세월이 꽁꽁 얼었던 동태처럼
싸늘히 얼어 버린 사랑

먼 훗날
그땐 다시 사랑할 수 있을까

* 친구의 헤어진 사랑 이야기

하늘이 슬퍼하고 땅이 울었던

한 통의 전화가 온 세상을 암흙천지로 만들었다
세상에 이런 날벼락도 있을까
나무가 된 몸을 이끌고 찾아간 곳
초췌한 모습으로 누워있는 딸을 본 순간
그 어미의 심장은 와자와작 갈기갈기 난자되었다

비가 주룩주룩 내리던 5월의 마지막 일요일
낮과 밤의 기온 차이가 심한 계절
비와 바람이 한 생명을 앗아갔다

차디찬 바닥에 쓰러져 아무도 없는 암흑 속
도움의 손길도 미치지 못했던 밤거리
얼마나 외롭고 춥고 아프고 무서웠을까?
23년이란 짧은 세월 동안
늘 밝고 예쁘고 작하게 살아왔다

하늘도 무심하시지
하늘이 슬퍼하고 땅이 울었던 그날의 그 슬픔
정식 직원 되었다고 환한 미소가 태양처럼 빛나
친구 만나고 서울 간다던 뒷모습
마지막이 될 줄 이야

* 지인의 딸이 비 오는 밤 저혈당으로 쓰러져 별이 된
　안타까움을 시로 표현함

인생 분식

조각 난 꿈이 가시에 찔려
빛바랜 자리에 무수한 상처로 얼룩져도
이곳 분식집에만 오면
사장님의 후덕한 인심
어두움 속에 밝은 빛이 된다

삶의 희망을 솟구치게 하고
마음이 편안해지는 집

수십 년 단골들 한결같은 마음
참새가 방앗간 지나치지 못하듯
숱한 시간 지나도 부모 형제처럼
인연들 하나둘 찾아온다

반갑게 맞아주는 고향 같은 집
떡볶이, 순대, 튀김, 잔치국수
서민들의 애환을 풀어준다

깊은 계곡에 맑은 공기 샘솟듯
꺾이지 않는 희망의 힘을 주는 식당

태양처럼 빛나는 세상

회오리치는 흙탕물 속에서도
사랑의 꽃 보석 같은 마음 건져
태양처럼 환하게 세상 맑힌다

주민자치 위해 피어나는 꽃
물주고 김매는 손길
신평동 주민자치 위원들과 고단함 잊은 채
봉사의 손으로 세상을 꿰맨다

행복의 징검다리 되어준
나라의 은혜를 빛처럼 입고
서로 손잡고 마음 어루만져
태양처럼 빛나는 세상 함께 밝혀간다

봄날의 아침 햇살

빛의 실루엣 고요 속에 춤추고
햇살이 비단을 짜듯
창끝을 스치며 반짝인다

세상의 숨결을 깨우듯
내 마음 깊은 곳까지 파고들어
불 꺼진 감정의 창에
황금빛 불꽃을 지핀다

모든 생명 찬란한 몸짓으로 일어나
희망이라는 이름의 무지개를 펼치고
봄은 고요한 혁명처럼 피어난다

새로이 시작되는 오늘의 서사
다이아몬드처럼 날카롭고 눈부신
아침 햇살 아래 빛을 입는다

사랑의 급정거

달리고 있는 차 앞
순식간에 앞을 막는 자동차
갑자기 브레이크를 밟았다

자동차 안에 어여쁜 아가씨
마음속 풍경은 산산이 흩어지고
맥박이 요동을 친다

향긋한 그녀의 내음
정열의 꽃으로 피어나
마음을 사로잡는다

구멍 뚫려 바람이 송송 들어오던 마음
그녀의 인생 샷 속에서
포근한 평화가 찾아온다

다른 길을 걸어온 지난날을 뒤로하고
같은 방향을 마주 본 두 사람
급정거가 사랑의 인연이 되었다

겨울의 끝자락 봄

아련한 기억의 잠재 속에서
노크도 없이 행사처럼 찾아오는
계절의 하모니

시작이 있으면 끝이 있듯
계절도 인생도 나 자신도
역행할 수 없는 세월의 흐름

무량억겁(無量億劫) 아쉬움 남기 전
밝아오는 새벽녘의 희망을 갈망한다

겨울의 끝자락에서
나를 옭아맨 실타래를 풀어
봄의 기운 입에 물고
잎과 꽃이 무성한
세상에서 살고 싶다

물결

두 물줄기 만나 하나가 되는 곳
생명의 노래를 품고 흐른 연천 아우리지
맑은 강물은 하늘을 비추고
바람은 고요 속에서 춤춘다

산과 들이 어우러진
물결은 쉼 없이 흐르고
새들의 노랫소리와 어우러진 강변

역사의 상처도 간직하였고
강물은 기억을 안고
평화를 노래하는 삶의 강물
모든 것을 품고 흘러간다

연줄 같은 인생

고즈넉한 아침 윤슬 뿌리며
앙상한 가지만 남은 길가의 가로수
우리네 인생처럼 왠지 쓸쓸함이 묻어
내 가슴속 깊이 울림을 준다

혹한에 잎들이 다 낙하해
가혹하리만큼 상해버린 육신
허무함이 출렁거려
전깃줄에 매달린 연줄 같은 불안한 인생

붉게 타는 노을처럼 일순간에 지나고
흐르는 시간 속에 절망과 슬픔 던져버린다

세상의 한복판에서 주인공이 되고 싶은 나
예쁜 꽃 한 아름 피우던 그 시절처럼
봄을 맞을 간절한 소망 담고 있다

사유한 흔적의 물

발끝이 돌을 딛는 순간
농다리에 걸린 물결
아련한 추억을 사유한다

잊혀 가는 바람과 시간
발자국을 사유한 흔적
수많은 계절을 꿰매었다

지네의 형상을 닮은
다리 위에서 나누었던 정담
흐르는 침묵이 삼켰다

돌 틈마다 스며든 물방울
시간의 칼날마저 무딘 채
숨들이 스몰스몰 발끝에 스친다

흔적들은 여운을 남긴 채
영원의 날개를 편다

불사조 같은 질경이

풍파가 몰아쳐도
한겨울 북풍처럼 비바람에 가지가 찢어져도
흔들림 없이 늘 한자리에서
서로를 보호하려 사이좋게 다독인다

뼈로 기둥을 세울 수 없어
제 몸 하나 가누지 못해
언제나 바닥에 누워
발길에 차이기도 밟히기도 하지만
심장의 찬란한 진통을 느끼며
다시 소생하는 불사조

밟히지 않으려 몸부림치는 안타까움

이별의 아린 눈물

입춘도 우수도 저 멀리서 안녕하고
봄을 시샘하는 때 늦은 매서운 눈보라
훨훨 나비처럼 허공으로 날아
티 없이 고운 푸른 생명
눈뜬 나뭇가지에 매달려
화려하고 아름다운 눈 꽃잎 활짝 피워
움이 튼 새싹에게 사랑 고백한다

갓 태어난 새싹
차가운 시린 마음 받아들일 수 없어
밤새 추워 떨다
이불처럼 포근한
아침 햇살 사랑 받으니
아침 이슬처럼
이별의 애잔한 아린 눈물 흘러
정처 없이 강으로 …

줌치*를 사유한 별

원초적 순백의 순수함 감추고
얽히고설킨 시야를 감고 돌아
영혼을 덧입힌 영원함
무지개 옷으로 갈아입는다

심연에 빠져 휘몰아친 별
손끝으로 눌러 담은 사유의 아름다움
물과 바람이 스며든 자리마다
결이 살아 숨 쉰다

한 겹 두 겹 겹쳐지면 곱디고운 자태
톡톡 튀는 수묵화 같은 멋
손의 온기가 지나간 자리
견고한 마음이 남는다

쉽게 찢기지 않고
지워지지 않는 수려한 멋
세월 등에 업고 빛이 바랜 별
우리의 삶을 닮았다

* 줌치 : 전통 한지공예

핑크빛 길

땅 위에 내려진 철쭉 꽃잎
물감을 풀어 수 놓은 듯
찬란한 핑크빛 꽃길

한 걸음 한 걸음
내디딜 때마다
분홍빛 꽃잎 물결
바람 따라 춤을 춘다
나도 리듬 타고 설렘으로 춤에 젖는다

화려하고 아름다운 풍경
꿈속인 양 다른 세상
핑크빛 양탄자 위에서
향수에 젖어 시간을 잊은 채
환희의 웃음 머금고 살포시 걷는다

꽃길 따라 걷다 보니
그리운 사람이 생각난다
추억들이 스쳐 간다
번잡한 마음도 평온을 찾는다

가슴에 피어난 꽃

5월의 따스한 바람이 불어오면
가슴 위에 살며시 내려앉은 붉은 카네이션

어버이의 손길 땀방울 사랑 꽃잎에 스며
한 송이로 담을 수 없는 하늘 같은 사랑

당신이 기울인 희생과 정신
당신이 가르쳐 준 따뜻한 미소
감사의 씨앗 당신의 가슴에서 피어난다

붉게 타오르는 빛깔은 희생과 헌신의 불꽃
수많은 세월 지나온 사랑

꽃 한 송이에 어버이 사랑 담아 마음을 전하
고 싶다
그 꽃 한 송이 지금은 그 어디에……

달집태우기 축제

축제의 서막이 울렸다
정월 대보름 오늘 하루를 위해
1년의 긴 시간 동안
구상에서 기획까지 혼신의 힘을 다 바쳤건만
멀리서 쳐다만 봐야 하는 목멘 심정
아픈 가슴속 바람결에 흔들린다

내가 했다는 자부심과 당당하고 뿌듯함
모두 좋아하고 흥에 넘쳐
행복해하는 모습에 위안 삼고
날 세워 후려친 바람 끝 갈라치는 날씨에도
삼삼오오 아이들과 부모들 함께하는 축제장
바램이 다 영글어 달라고
소원을 하나둘 적어 밤하늘 달에게 띄운다

한 해 동안 각종 부스럼 예방하라고
호두 땅콩으로 부럼도 깨고
따뜻한 어묵 국물로 추위 달래며
달집이 태워지는 불빛의 하이라이트
환상의 꿈을 꾸는 듯
환호성의 메아리 평택을 흔들었다

소풍 정원

어느 가을
해사하게 웃던 불타는 색의 정원
날선 바람에 마음까지 들썩이며
지난날의 마침표 찍지 못했던 저편에서
밝은 미소로 환하게 다가온다

시민들의 보금자리
자연의 아름다움에 묻어
언어의 사랑 꽃피운다

수평선 호수가
작은 섬처럼 머물러 나른한 침묵을 깨고
생의 빛과 같은 생각을 맴돌게 한다

모든 시름 벗어 마음도 비워지듯이
비우면 비운 만큼 홀가분함을 맛보는 순간
반복되는 굴레 속에서 행복함에 젖어 있다

삶의 한 깃에서 시간 밖의 운명의 벽을 부숴
소풍 정원에서
염화미소로 시간 속의 주인공이 되어 있다

아버지의 파노라마

코스모스가 하늘거리는 계절에
인자하시고 자상하신
아버지의 자식 사랑 쌓아 놓은 듯
지붕 위에 소복이 쌓였던 눈처럼 흰 인삼
인삼을 수확할 때마다
북적거리고 활기찬 고향 집에서의 기억들

어느덧 어둠이 절어가는 시간
모두가 떠나간 고요한 적막이 흐르는
외로이 혼자였던 아버지
외롭고 힘든 내색 한번 하지 않은 당당함

메마른 적요한 침묵을 깨듯
아버지에게 빛이 되기 위해
곁으로 다가온 막내딸과 사위 손자 손녀들
아버지의 손과 발이 되어 희망이 되었네

수북이 쌓였던 아버지와의 추억
잊은 듯 담아두고 지운 듯 기억나면서
의식과 무의식 경계를 드나들 듯
흘리지 못한 눈물 사라질 때까지
내 마음속 가시로 남아
늘 아픔으로 출렁거리네

절망에서 희망으로

어느 날
나의 길이 끊어진 듯
몸에 어둠이 밀려왔다

알 수 없는 불안의 연속
폭풍이 치고 있는 머릿속
빠른 판단으로 병원을 찾은 현명함

나를 놓지 않는 따뜻한 마음
의사의 명 손길
어둠 속에서 빛의 세상으로

절망은 지나가고
희망이 싹을 틔우고
하루하루를 감사하며
다시금 빛 속에서 걸어간다

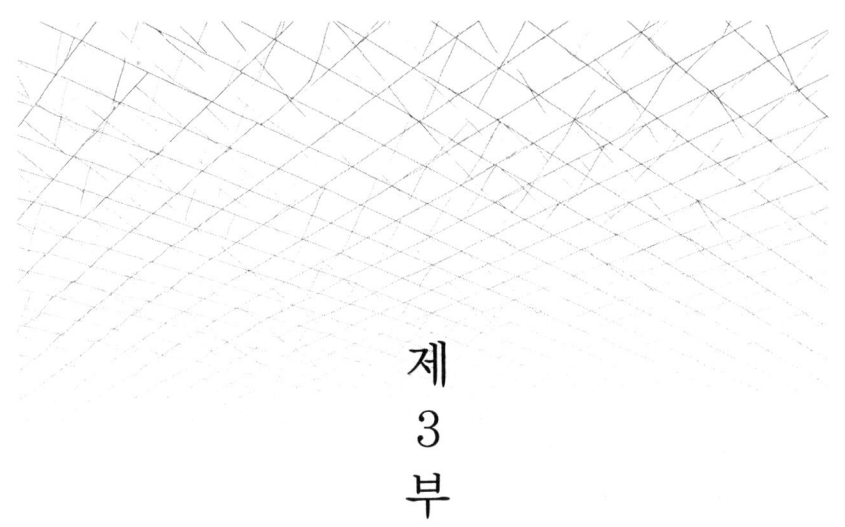

제 3 부

가시에 남은 사랑

가시에 남은 사랑

붉은 장미를 건네던 날
꽃잎은 아름답게 부드러웠고
향기는 영원처럼 머물렀지

하지만 너를 잡을 때마다 찌르는 가시
아름다움에 취해 다가설수록
아픔도 함께 감내해야 했다

장미꽃처럼 화사했던 순간들
이제 너를 떠나보내야 하는 시간
가시에 찔린 상처는 아물었지만
사라지지 않은 마음의 상처

그 가시가 준 기억과
가시에 베인 상처의 흔적
아직도 마음 한켠에 영원히 남아

신평동 농악 열정

천둥과 번개가 신의 전령인 양
각자의 위치에서
혼신의 힘을 다 바쳐

열정의 뜨거운 바다처럼
고막을 뚫는 우렁찬 소리
천지를 흔들어

모든 눈길 한 몸에 받아
새털같이 가벼운 마음으로
두드리고 치고 뛰고 돌리고

숨이 멎을 것 같은 흥분감
눈가에 붉은 노을이 맺히도록

영혼 깊은 곳까지
깃털이 휘날릴 때까지
한없이 돌려 혼비백산 되어도

폭풍우가 몰아치듯
고요한 평택을 전국 방방곡곡에 알려
꽃을 피우는 신평동의 농악

왜 거기 있소

숨죽여 터질 것 같은 아린 가슴
깊고 깊은 수렁 속
한 치 앞 모르는 두려움
날 감싸며 흐르는 설움 외면한 채

왜 거기 있소
그곳이 그렇게 좋던가요
뭐가 그렇게 급해 가버렸소

오랜 슬픔의 감정도 숨겨버린 세월
삶에 묶인 사슬 옥죄던 아픔도
세월 지나니 바람에 흩날려
임 향한 애달픈 사랑 저물어 가네요

불러보고 싶은 이름 어머니

서쪽 하늘의 붉은 노을을 볼 때면
나의 등불이셨던 어머니가 보고 싶습니다

당신의 주름 사이로 흐르던 세월
이제서야 가슴에 와닿습니다

밥은 먹었니?
그 짧은 말에 숨겨진 천 갈래의 사랑
이제야 조금씩 이해합니다

가랑가랑 바실락거리는 시간 속
보고 싶어도 볼 수 없는
불러봐도 대답 없는 그 이름 어머니
눈물이 스민 마음을 삼킵니다

당신이 떠났어도
난 아직도 그 따스했던 당신의 등이 그리워
기대고 싶어집니다

언제나 당신은 내게 햇살이었던
그 기억 하나하나
오늘도 마른 풀잎처럼 내 안
깊숙한 곳에서 살고 있습니다

어머니의 향기는 들꽃처럼 은은해
눈시울이 붉어집니다

들꽃이 필 때면 어머니 향기가 그리워
당신을 불러봅니다
어머니!!!

불꽃처럼 연기된 고향 집

마루 끝 햇살 위로
엄마의 손길이 스며 있고
아빠의 기침 소리도
저녁 종처럼 익숙했던
그리움이 가득한 고향 집
마음속 한 폭의 그림으로 남아 있다

일곱 남매 오손도손
엄마 아빠 사랑 받으며
희망이 샘솟던 보금자리

돌담도 장독대도
우물가 감나무 밑에서
숨바꼭질했던 어린 향수
옛 향기만 남긴 채 허공으로 날아
희망의 길 되었건만
내 가슴은 노을빛 너머
흔적조차 눈물 되어 흐른다

아쉬움에 찾아갔건만
우리의 시간이 지나간 역사
불꽃처럼 연기되어 구름 뒤로 숨었다

* 고향 집이 없어지고 길이 되었다

빨간 구두와 나

이삿짐 싸던 날
신발장 한 귀퉁이에 웅크린 스포츠 댄스화
빨간 구두 한 켤레

그를 본 순간
수많은 추억과 에피소드가 주마등처럼 스쳐
지나간다

화려한 조명 아래 관중의 환호 속을 가르며
하늘을 나는 듯
폴짝폴짝
그를 신고 무대 위를 가볍게 날 때 참 빛났었다

상자 안에 갇혀 언제 불려 나갈지도 모른 채
고독을 씹은 지난 수년의 세월 동안 얼마나
답답했을까
그를 잊고 살아왔는데 그를 본 순간 가슴이
저렸다

짐을 싸면서 빨간 구두를 들어 올렸다
가져갈까, 버릴까
"그동안 쌓은 추억과 정을 생각해서라도
나를 데려가 줘, 함께 가고 싶어"

망설이는 손끝에서 그의 떨리는 간절한
소리가 들렸다

그 순간
그와 함께한 빛났던 무대들이 속삭이듯
머릿속에 피어올랐다
나는 조심스레 그와 함께 이삿짐 차를 탔다

순수 예술 재인폭포

깎아지른 절벽 아래로
은빛 물줄기가 춤춘다

주상절리 협곡으로 쏟아지는
폭포의 아름다운 경관

세월 풍화와 침식과정으로
태어난 하식동굴과 포트홀
자연의 심장 하늘과 땅을 잇는다

수백 년 바람과 물이 새긴
시간의 문양 속
맑고도 힘찬 물소리
대지의 노래가 되어 퍼진다

비처럼 내리는 물방울
피곤한 마음을 씻어준다

늘 변함없는 오랜 친구

세월은 강물처럼 흐르고
우리 이야기는
한 권의 책으로 묶인 40년
그 안에 웃음과 눈물이 어우러져 있다

젊음의 길목에서 만나
삶의 고비를 함께 넘었고
어둠 속에서 서로를 비춰
길동무가 되었다

어느새 주름은 추억의 흔적이 되고
세월 속 흔들리지 않는 우정
값진 선물보다 더 소중한 너

지금까지 함께 걸어온 친구
앞으로 웃으며 건강하고 행복하게
우리 이야기 알콩달콩 써가자

인생은 월세다

늦가을 햇살 품고
하늘 높이 대롱대롱 매달려 있는
까치밥 감 홍시 하나
새털 같은 바람에도 흔들흔들
우리네 인생도 잠시 이곳에 머무를 뿐

가슴 활짝 열어 맑은 바람 속
공기로 숨 쉬지만
그 바람조차도 내 것은 아니다

시간이 흐르면
간직했던 세상의 열쇠도
반환하고 떠나야 한다

기쁨도 슬픔도
영원히 사유할 수 없는 감정

떠날 때 빈손일지라도
머무는 동안만큼
차오르는 보름달처럼
어딘가 나를 수정처럼 빛내줄
따뜻한 등불 하나 밝혀 놓고 가자

다행의 그림자

병원의 차가운 복도 끝
내 옆자리의 고요한 숨결
뇌경색의 어두운 그림자
생각과 판단이 조금 늦은 잘못
그의 인생을 삼켰다

그를 바라보며 느낀 복잡한 마음의 파도
그의 고통 속에서 나의 다행을 깨닫는다

순간의 선택과 결정의 시간
나에겐 희망의 빛이 스며들 때
걸음마 연습에 온 전력을 다하는 그는
힘든 그림자 속에서 허덕인다

다행이라는 단어 앞에서
그의 고통이 내 마음의 일부가 되어
그의 아픔을 잊지 않으며 위로를 전한다

당신은 언제나 내 곁에 있습니다

많은 세월 흘러도
매일의 숨결 속에 스며든 온기
아직도 사라지지 않고 곁에 있습니다

하늘을 바라보며 보고 싶은 간절함
저 너머 구름 사이로 스치는 그림자
목메어 불러 봅니다

그리움은 눈물로 찾아오지만
눈물이 지나간 자리엔
당신의 미소가 떠오릅니다

함께했던 기억들
영원히 지워지지 않고 내 안에 있고
내 삶의 일부이며
나는 당신을 품고 살아갑니다

시간의 강을 건너며

꼬물꼬물
갓난아기 때부터 내 품에 안겨
기쁨과 희망을 주었던 너
어느새 세월은 흘러
졸업의 문턱에 섰구나

열두 해의 아침저녁
눈이 오나 비가 오나
너를 태우고 다니던
차창 밖 풍경은 변해도
너를 향한 내 마음 한결같다

작은 손을 잡고 첫발을 내디딘 교정
함께했던 지난날들
너로 인해 행복했던 순간들
너와의 추억은 마음 깊이 남는다

하늘에 새겨진 이별

푸른 하늘을 향해 날아오르던 꿈
이른 아침 갑작스러운 슬픔이 되어
끝내 돌아오지 못한 채 별이 되었다

순간의 충격 속에 꺼져버린
소중한 생명들의 불빛
그 이름 하나하나가 우리 가슴에
깊은 상처로 새겨진다

남겨진 이들의 슬픔은
바람이 되어 하늘로 올라가고
179개의 별들을 위해
조용히 눈을 감고
추모의 꽃을 바친다

* 무한항공 사고 추모글

송년회를 보내면서

시간은 어느덧 구름처럼 흘러
중학교 교정에 울리던 웃음소리가
오늘은 주름진 얼굴 사이에 스며있다

송년회의 술잔 속에
지난날의 추억이 고요히 떠오르고
누군가는 아픔 속에서도
미소로 서로를 감싸 안는다

이제는 잃어버린 이름도 있지만
함께했던 시간의 무게는 가슴 한편에 있고
인생의 노을 속에서 서로의 빛이 되어
한해의 끝자락을 함께 보낸다

풍기 인삼 축제

축제의 장이 열린다
땅의 선물이 얼굴을 내밀고
사람들은 웃음으로 화답하고
손길마다 건강과 정성이 스며든다

가을 들녘 가득 채운 향긋한 땅의 숨결
깊은 뿌리 긴 세월 품고
한 모금의 쓴맛마저 생명의 단맛을 약속하는
인삼의 진한 이야기 건넨다

너로 인해 모인 사람들 속에
희망과 화합이 자라나고
풍기의 하늘 아래
축제는 삶의 향기를 피워 올린다

위태로운 저울

법은 정의의 칼
그 칼날은 어느새 무뎌지고
저울은 기울어진 채 흔들린다

나라의 중심은 위태롭고
진실은 그림자 속에 갇혀
정의는 권력에 묻힌다

흔들리는 세상 속
권력이 정략 도구로 변질되고
민생은 잊힌 채 바람에 흩날린다

칼날이 정직하게 빛나는
국민이 주인인 자유로운 나라
저울이 다시 수평을 찾길 간절히 바란다

세월의 흔적

거울 속에 비친 얼굴
시간이 새긴 미세한 선들
웃음과 눈물로 그려진 인생 풍경
애잔한 눈빛 흘린다

어느새 오래된 나무껍질처럼
거칠어진 손등
돌멩이처럼 딱딱해진 손바닥
지나온 길 위에 추억의 자국들

세월 탓인지 흔적들은 선명하고
뒤돌아본 나의 삶
연옥같이 뜨거운 여름보다
치열하게 사셨던
어머니 삶의 흔적을 닮았다

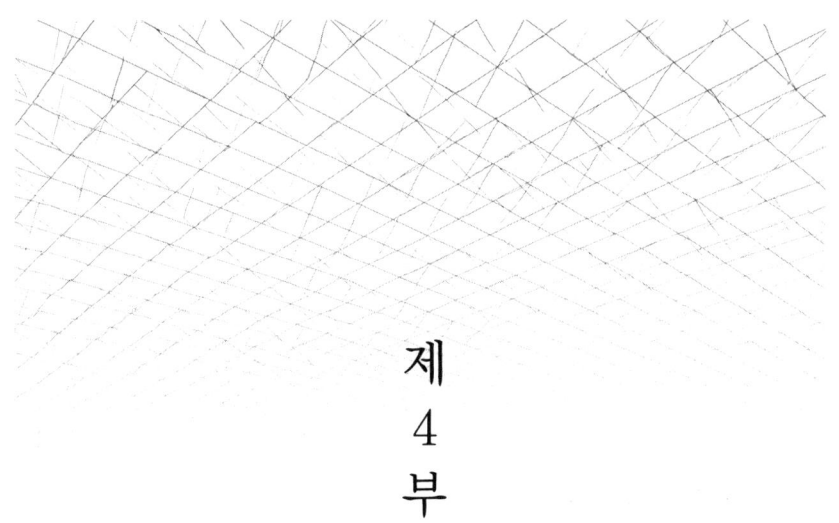

제4부

어제보다 나은 오늘

어제보다 나은 오늘

바람이 지나간다
시간이 지나간다
햇빛이 지나간다
어제도 지나간다

따뜻한 말 한마디
부드러운 미소 하나
소소한 일상에서 하루가 꿈틀된다

눈물은 어제 가고
새벽이슬 맺혔다
바람 떨구고 간
희망의 씨앗이 움튼다

어제의 그림자 밟고
이제는 한 줌의 빛
더 나은 오늘을 꿈꾼다

끝과 시작

끝은 늘 아쉬움의 연속이지만
그 자리엔 언제나 새로운 시작이 움튼다

길이 끝났다고 하지만
또 다른 길은 있다
어두운 밤이 지나면
새벽이 오듯
절망과 슬픔 속에서도
빛이 스며들 자리는 있다

꽃이 시들어 마지막 페이지를 향해도
다음 해 봄엔 더 아름다운 꽃으로
사람들 마음을 사로잡는다

끝은 끝을 향해 가는 것이 아니라
또 다른 시작을 향해
나아가는 것이다

애간장이 타네

억수 같은 눈송이
하늘이 미친 듯 통곡한다

솜털 같은 눈들이 춤을 추며
수많은 거북이 들이 탄생

거북이처럼 느린 자동차
미끄러운 빙판 위에서 팽이처럼 돌다가
옆에서 오는 거북이와 추돌해
모두가 뒤엉켜 뒤죽박죽

은빛처럼 빛나는 세상
도로 위는 공포의 아수라장
모두 조심조심 엉금엉금
운전하는 이들 애간장은 타고 있다

거제 바다에 시를 띄우다

거제도를 향하는 날
비를 뿌리는 검은 하늘

부슬부슬 비는 내려도
알포엠 식구들 눈빛은 반짝거립니다

마음속 슬픔까지 씻어주는 비를 친구삼아
솔솔 불어오는 바람
설렘이 실려옵니다

파도 위에 시를 띄웁니다
거제도 바다에 마음을 펼칩니다

친구의 웃음소리
갈매기의 날갯짓
어깨를 나란히 한 바다와 시
세상이 조금 더 아름다워 보입니다

오늘
나는 시 한 줄이 되어
거제 바다 위를 흐릅니다

무심 세월

급히 흐르는 강물처럼
세월은 등을 민다

머물다 가고 싶은 마음 외면한 채
아는지 모르는지
돌아보지 않고 앞만 보고 쉼 없이 간다

봄은 어느새 사라지고
여름은 숨 가쁘게 달려오고
가을이 채 닿기도 전에
겨울은 문 앞에 서 있다

놀이 만지다간 산과 마루
마음을 어루만져 준다

말을 건네보지만
대답 없이
쏜살같이 흘러가는 무심 세월

무심한 듯 지나가지만
그 속엔 수많은 눈물과 웃음이
조용히 스며 있다

지혜의 샘

한 권의 책 속에
한민족의 파란만장한 역사가 담겨있다

시내산에서 받은 율법
낡은 책 속에 참된 진리가 새겨져 있다

우리 마음속에 한줄 한줄 새길 때
영원은 빛나고 영생을 얻는다

물이 낮은 곳으로 흐르듯
겸손한 마음에 지혜가 샘 솟고
질문 속에 답이 있고 토론 속에 길이 있다

탈무드를 접한 사람들
그 속에서 진정한 나를 찾고
지혜의 샘에서 삶의 목을 축인다

잃어버린 길

첫사랑처럼 떠나간 기억의 조각 들고
뚜벅거리며 찾아오는 목표 앞에 선다

서리 내린 머리카락 찰랑거리며
뒤틀린 세상을 바로 세우려 몸부림쳤지만
마음 한 곁에 옹이가 되어 버렸다

길을 잃어 헤매었던
내가 밟고 간 그 자리를 되돌리고 싶지 않은
삶의 무거운 무게를 내려놓는다

최선을 다하는 오늘
봄을 데려온 새싹처럼 생기 받으며
새로운 해를 맞아 꽃을 활짝 피우련다

* 봉사단체에서 알력 다툼을 글로 표현

혼의 애달픈 아픔

심장이 갈기갈기 찢어지는
형벌보다 더한 슬픔
애잔하고 잊히지 않는
그녀의 죽음 앞에서
불꽃이 튈 만큼 타들어 가는 혼의 애달픔

살아가기 위해서 잊기 위해서
쓰러지고 일어서고
다시 날아오른 존재의 비상
새우와 함께 살아온 수십 년
양식과 함께 남양호를 지켰다

이제는
울긋불긋 황혼빛 그림자로 물들어
가랑잎 흩어진 것처럼 황량함과 쓸쓸함
괴로움에 지칠 때마다
버팀목이 되어주던 그녀
오늘따라 가슴 저리게 그립다

* 포상 유럽 여행을 가서 아내를 잃고 애달파하는
  마음을 글로 표현

스무 살 된 복지관

햇살이 뉘엿뉘엿 넘어가는 오후 중턱
붉은 노을이 서쪽 하늘을
화려하게 장식하듯
새로운 희망을 향해 나가는 곳

희망의 문을 열던 첫날의 햇살
어르신들의 웃음소리
따스한 바람으로 퍼져나갔고
배움은 끝없는 빛이 되어 퍼진다

축복과 감사의 꽃을 피우며
스무 살 된 복지관은 추억을 품고
삶의 이야기들이 모여
큰 사랑이 되었다

입 안 가득 바다

변산 앞바다
수평선 너머에서 바다가 한 상 차려졌다

광어, 우럭, 오징어, 멍게, 해삼, 개불까지
파도 속 산해진미가 제 몸을 내어준다

한 움큼 바다를 집어 입 안에 넣으니
짭조름한 내음이 혀끝에서 꽃 핀다

너도나도 바다를 삼키며 행복해한다

입 안 가득 바다의 숨결 향긋하다
바다는 내 입안에서 헤엄친다

설레는 순간

하얀 숨결이 가지 끝에서
첫사랑처럼 조용히 떨린다

아직 피지 못한
꽃 여는 찰나의 머뭇거림 속
세상이 멈춘다

목련 몽우리 바람에 바실락 거리며
아련아련 피어날 마음
차곡차곡 모으는 중이다

새색시처럼 수줍은 미소
활짝 웃을 때 보다 더 아름답다

고요한 기다림 속 생경을 엿보며
봄이 낭송하고 있다
필락 말락 그 설레는 순간

고객 쉼터

삶의 냄새 가득한 통복시장 고객센터
고단한 하루를 털어내려 쉼터에 걸터앉는다

낯익은 얼굴들 사이로
바람처럼 한 줄 시가 흐른다

"생기 넘치는 통복시장" 소박한 글자 하나
주름진 이마가 펴지고 마음엔 햇살이 드리운
다

시가 있어 더 따뜻한 공간
시장 한켠 쉼터는 이제 작은 문학관이 된다

지친 발걸음 쉬어가는 그곳
내 시가 당신의 오늘을 안아준다

반딧불

그때 그 시절 너와의 달콤했던 깊은 밤
풀잎 끝에 가만히 깃들어
사랑의 불을 밝혀주었던 작은 불빛

많은 세월이 흘러도 꺼져 가는 가슴
다시 사랑한 점 심어준다

바람에도 꺼질 듯 바실락 거렸지만
어둠을 밀어내고
다시금 태양 같은 밝은 등불이 떠오른다

밤하늘 별 대신
나의 마음을 밝혀주는 불길 같은 고운 결
희망의 씨앗 남긴 불같은 사랑
활활 타는 용광로처럼
너와의 사랑 속에 빠져 있다

수국 길

보슬비 젖은 오후
오솔길 따라 수줍은 수국

네 손을 잡는 순간
보랏빛 마음이 물들기 시작했다

햇살보다 따뜻한 손끝에서 피어난 사랑
우리의 눈빛은 따라 웃었고
빗방울 고인 꽃잎 위로
내 심장 소리도 튀어 올랐다

너와 나의 약속처럼 이 길 위에서
너의 손을 놓지 않겠노라고

흩날리는 별

초원의 끝자락
홍일점으로 선 노란 민들레 한 송이
별처럼 나를 비춘다

외로움을 조용히 감추고
태양을 벗 삼아
바람 따라 세월 따라
유유히 춤추며 나를 부른다

작은 몸짓 작은 손짓 하나에
외로움도 멀리멀리 도망간다

다시 찾아온 봄

겨울 같았던 마음
따뜻한 바람이 불어왔습니다

삶의 끝이라 여겼던 자리
당신은 새로운 시작이 되었습니다

이해와 사랑으로 감싸주며 함께 걸어온 당신
그 발걸음에 마음이 따라갑니다

두 개의 삶이 만나
하나의 계절을 만들었습니다

삶의 어느 순간에도 함께 하겠다는 약속
오늘도 당신 곁에 서 있습니다

추억의 음악다방

추억 물고 기억을 소환하는
음악다방은 한시적 행사
그리운 지난날 학창 시절
교복에 어린 옛 모습의 현상
주름진 얼굴에서 옛 모습 읽는다

DJ는 늙은 멋진 남학생
신청곡 들으며 좋아하는 여학생들
타임머신 타고 수십 년 전으로 돌아간 듯
문전성시(門前成市) 이룬 추억의 음악다방
디스코 치면서 행복해하며 익어가는 학생들

황혼 녘 어르신들
어린 시절의 미소 듬뿍 머금고
추억 되새김질하는 시간
마음의 고향처럼 늘 푸른 추억의 음악다방

붙잡아도 매정하게 뿌리치는 너

메콩강이 여기 있다
향긋한 커피 향이 너풀거리는 카페 차창 너머
부슬부슬 소리 없이 눈물 쏟고
소용돌이치는 강 금빛 물결 일렁인다

실타래 풀듯 시를 쓰는 동인지 멤버들
환한 얼굴들이 눈가에 별빛 되어
오랜만에 만나 언어의 꽃 속에서 헤엄치고 있다

장단에 맞춰 가슴을 울리는 시 낭송도 하고
행복에 흠뻑 젖어 도낏자루 썩는지도 모르고
제트기보다 빠르게 흐르는 시간

시간아 가지 말아다오
잡아도 붙잡아도 매정하게 뿌리치는 너
멤버들도 시간도 함께 가버렸다

강이 된 바다

카페 차장 너머
큰 배들이 드나들었던 바다
수많은 세월 흐름에 희석되어
이젠 온전한 강이 되었다

피아노 선율처럼
아름다운 바람 소리
에메랄드빛 평택 강

숲이 우거진 강 둘레 길
조잘조잘 대화 꽃 피우며
평택호로 달려가는 강줄기 따라
경쾌한 마음으로 달리고 있다

스카이라운지에서

32층 하늘 위
내 발아래서 나무들이 손을 흔들고
건물들 사이사이 햇살이 부서진다

형형색색 조식을 먹으며 마주한 서로의 달콤함
밤새 못다 한 이야기 옷고름 풀듯 감정을 교차한다

고요한 아침이 유리창 너머로 스미는 순간
한 잔의 따스한 차 향기 속
저 멀리 있는 도시의 풍경이 감실거린다

청주 호텔 스카이라운지
문화의 숨결을 만나는 아침
마음 한켠 새처럼 가볍게 날고 있다

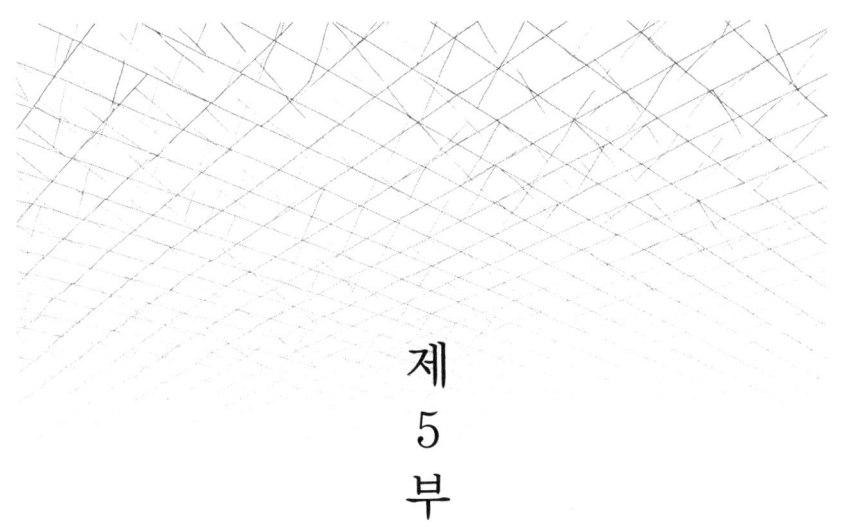

제 5 부

눈망울에 맺힌 별

눈망울에 맺힌 별

책갈피에 숨겨 놓은 은행잎 찾듯
미지의 세계를 향한 발걸음
너도나도 들뜬 마음 걷잡을 수 없어
구름 타고 훨훨 날아 이국땅에 내딛는 첫발

새로운 환경에도 적응력 빨라
여러 명이 함께 움직여 많은 사연 낳아
그 사연 속에서
언제 어디서나 함박 웃음꽃 자아내며
눈망울에 맺는 별들을 쏟아내는 엔타이 여행

* 주민차치 위원들과 해외여행에서 있었던 일

봄으로 가는 길목

계절마다 풍경이 다른 안성천 둑길

늦겨울 매서운 날씨
햇살 가득 품어 잠잠한 바람
걸음걸이 가볍게 한다

추위를 잘 이겨내고
머리를 쏘옥 내민 새싹들

지난해 이곳을 거닐며 쑥을 뜯었던
추억이 아련히 떠오른다

꽁꽁 얼었던 천도 서서히 흐른다
보이지 않던 청둥오리
봄소식을 알리려 날갯짓한다

후조*(後凋)

꽃잎이 천천히 시든다면
바람에 쉽게 젖지 않고
영롱한 이슬 옷 입고
빛을 더 오래 품을 텐데

우리 인생도 급히 스러지지 않고
늦게 시들어 간다면
서로의 눈빛을 더 오래 마주하며
추억을 깊이 새길 수 있을텐데

강물 위에
떠다니는 한 장의 잎사귀처럼
우리의 시간이 고요히 저물어
조금 더 머물다 가기를

*후조 : 늦게 시든다는 뜻

설중화(雪中化)

차디찬 꽃샘추위에 얼어붙은 가지 끝
보일 듯 말듯 붉은 속살 드러낸다

선연한 그리움이 묻은 솜털 같은 꽃
겨울을 뚫고 나오려 애쓴다

하얀 안개 속에서 피어난
우아하고 부드러운 꽃
그의 뽀얀 얼굴 같아 설렌다

눈물처럼 맺힌 꽃망울
봄을 향한 애절한 절규
맑은 수정처럼 흐른다

시간의 흐름 거슬러
봄의 끝자락에 겨울이 온 것처럼
하얀 솜사탕 속에 숨은 홍매화

잊혔던 그와의 사랑처럼 햇살 타고
다시 한번 내 안에서 피어난다

청매화 피던 날

청매화가 피는 날이면
문득 떠오르는 사람이 있다

햇살이 부드럽게 머물던
가지 끝에 핀 청매화
어디선가 익숙한 바람이 불어와
나뭇가지를 흔든다

봄의 문턱에서 머뭇거리던 날들
그때도 우리는 서로를 그리워했을까?
차마 전하지 못한 말들
꽃잎처럼 가지에 매달려 대롱거린다

향기로운 기억의 내음
가슴 깊이 아롱거려
멀리 있어도 느껴지는 그대 마음
청매화가 다시 피는 날
그리움은 꽃보다 먼저 피어난다

샛강의 봄날

샛강 따라 햇살이 반짝이면
우리의 웃음도
물결 따라 반짝인다

버들가지 살랑이고
봄바람 장난치니
걷는 걸음마다
바람이 그리는 고운 무늬
여울에 밀려간다

억눌린 허울 벗고
순간이 영원으로 빛난다
친구와 쌓은 추억
가슴 한켠 고이 남아
부시로 다시 핀 행복이여

뚝섬역 7번 출구

지하철 문이 열리면
바람처럼 사람들이 쏟아진다

서로 다른 목적지 다른 이야기
수많은 하루가 머물다간 자리

혼잡한 사람들 속에서
반짝이며 빛났던 너

뚝섬역 7번 출구
기다림이 스쳐 간 자리

너를 만난 오늘
따뜻한 마음에 물들어간다

같은 리듬이 스쳐 가듯
행복이 우리 마음에 번진다

소백산 철쭉 축제

소백산 자락에 봄이 머무는 날
철쭉꽃이 산허리를 물들인다

흐드러지게 핀 꽃잎 사이로
산새의 노래와 어우러진다

사람들의 웃음소리 번지고
추억도 기억 속에서 살아난다

분홍빛 물결은 하늘과 맞닿아
세상을 잊고 자연과 함께 꽃잎 따서
입에 물던 어린 그 시절
바람의 꽃향기 속에서 아른거린다

풍기와 단양을 품은 소백산
아버지의 뼈가 묻힌 고향 같은 산
아버지의 그리움을 가슴에 담아
이곳에 오면
아버지와의 추억이 되새김 된다

하늘이 문을 닫을 때

잿빛 하늘 머리에 인
해님도 달님도 별님도 숨어 버렸다

닫힌 창 너머 바람 스며드는 틈 따라
빛은 탈출하려 몸부림친다

달빛은 안개를 풀어놓고
구름은 새로운 길을 찾는다

모두 새장 안에 갇힌 듯 멈춘 것 같지만
어둠 속에서도
만물의 촉수들은 깨어나려 애쓴다

하늘 문이 닫혀도
달빛 별빛 햇빛 밟고
빗줄기는 요란하게 쏟아진다

마음의 정원

마음 한켠에 자리 잡은 작은 정원
보이지 않는 숨겨진 곳
빛이 아닌
기억의 흔적을 먹으며 자란다

고요 속에 피어나는 꽃
햇살 가득 내려앉고
바람은 잎새를 살며시 흔들며
잊고 있던 꿈들을 깨운다

차갑게 얼어붙은 침묵
아픔은 비옥한 흙이 되어
새로운 싹을 틔우고
누군가 흘린 한 조각의 온기
마음의 정원에서 활짝 피어나길

멀어지는 풍경

멀어지는 고향 풍경 끝자락
창가에 기대어 생각에 잠겨본다

흐릿해지는 들판과 산
가을걷이하는 농부
시간은 그 위를 조용히 덮어 간다

그 나무 그 길 그 집
이제는 추억의 뒤편에서 사라지고
멀어진 풍경 속에 담긴 지난날의 흔적들

그리움은 한 겹씩 쌓여
가슴에 잔잔한 물결로 남는다

그때의 풍경은 멀어지지만
그 안에 새겨진 고향 기억은
영원히 나를 떠나지 않음을

모란의 약속

모란이 핀다
고운 옷 입고 모든 사랑 품은 듯
5월의 향기를 담은
행복한 결혼 이야기를 전한다

햇살에 눈부시던 꽃들
그토록 화려했던 부귀영화 누린다

모란은 시간 약속을 안고
침묵 속에서 스러진다

하나둘 땅으로
무겁게 맺힌 이별의 무늬
그 묶음이 마음속 깊이 스며든다

그 끝은 시작의 약속이라며
찰나에 모든 것을 걸라고
다시 돌아올 봄을 위해

별을 담은 하루

햇살 속에 숨겨진 별
바람에 실려 온 별
하늘에서 떨어진 별똥별
모든 순간에 작은 조각들
텅 빈 내 마음을 채워준다

밤하늘에 가득 메운 빛나는 별들
하루 동안
내가 걸어온 길 따라 반짝인다

별을 담은 하루는
조용히 나를 돌아보게 한다

오늘 하루 내가 했던 작은 일들
별빛처럼
내일의 길을 밝혀주듯
어딘가에 남아 있기를

겨울 풍경화

흰 눈의 이불 아래
땅은 고요히 숨 고르고
바람의 잔잔한 속삭임
나무도 옷을 벗고 쉬어 간다

맨 가지 끝에 매달린 서리
그 투명한 침묵 속에서
별들은 더욱 빛나고
달빛은 차가운 호수에 잠긴다

자연의 설경 속에서
눈밭에 새겨지는 발자국
겨울은 그렇게 기억을 덧입힌 풍경화다